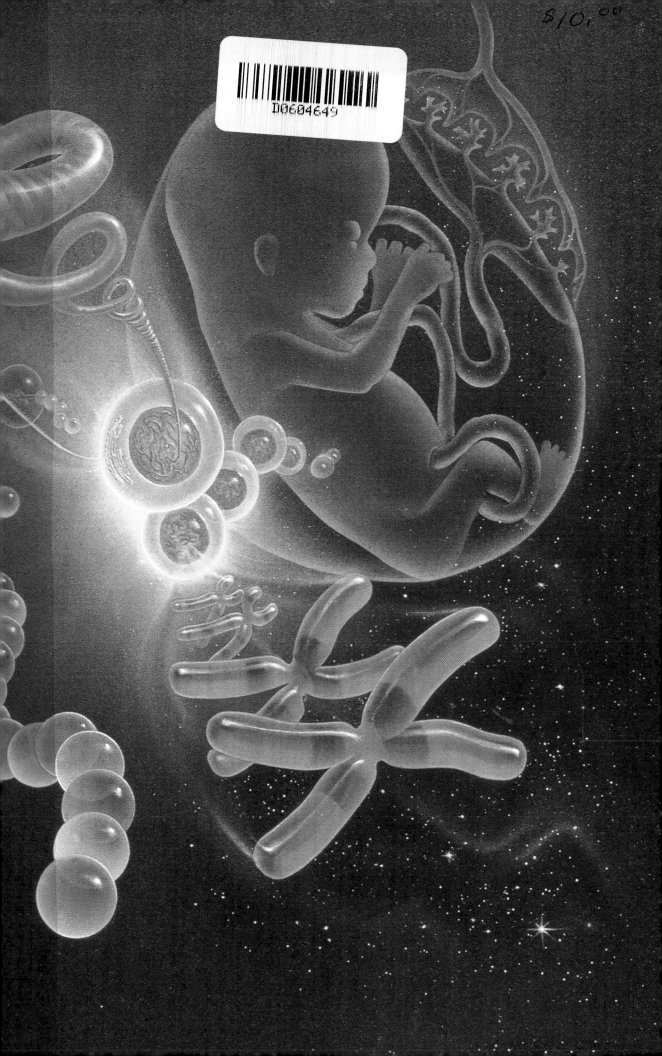

Dans la même collection :

La planète Terre
de Pierre Kohler

Le ciel et l'espace
de Pierre Kohler

Les abysses
de Pierre Kohler

Les robots
de Jean-François Pénichoux

Quand les athlètes étaient des dieux
de Violaine Vanoyeke

Proies et prédateurs
de Patrick Pasques

Bâtisseurs d'hier et d'aujourd'hui
de Jean-François Pénichoux

La vie d'un Brave
de William Camus

© Éditions Fleurus, 1996
11 rue Duguay-Trouin, 75006 Paris
Dépôt légal : septembre 1996
ISBN : 2.215.05015.2

Exclusivité au Canada
Éditions École Active
2244, rue De Rouen
Montréal, Qué. H2K IL5

Dépôts légaux : 3e trimestre
Bibliothèque nationale du Québec, 1996
Bibliothèque nationale du Canada, 1996
ISBN : 2-89069-495-X

DANIEL ALIBERT-KOURAGUINE

Du visible à l'invisible, tout comprendre sur la vie

ÉDITIONS FLEURUS & ÉCOLE ACTIVE

Cellules et molécules

Dans son laboratoire, Robert Hooke remarque, à l'aide de deux lentilles de verre superposées constituant l'un des premiers microscopes, que tous les végétaux sont composés de petites "chambres". Nous sommes au XVIIe siècle et le célèbre naturaliste anglais vient de découvrir ce qu'il nomme "cellula" (de cella qui signifie chambre en latin). Les petites "chambres" lui font,

en effet, penser à des cellules de moines. Véritable précurseur, on lui doit donc les premières observations sur le tissu cellulaire.

Même si la vie revêt des aspects très divers, tous les êtres vivants (plante, animal, homme, etc.), naissent, se reproduisent et meurent ; et tous sont formés de cellules. L'homme, par exemple, est constitué de milliards de cellules.

UN PLAN POUR TOUT

Les êtres vivants se composent principalement d'eau, de matières minérales et de matières organiques comme les glucides (sucre), les lipides (graisse) et les protéines. Ainsi, le corps humain est une structure formée de 60 % d'eau, 19 % de protéines, 15 % de lipides et 6 % de sels minéraux.

Chaque cellule, constituant la matière vivante, se compose elle-même de nombreux éléments plus petits, les molécules. Il existe toutes sortes de molécules, mais celles qui forment la matière vivante (la peau, les muscles de notre corps,

les racines d'un arbre...) sont bien particulières : ce sont surtout des atomes de carbone, d'hydrogène, d'oxygène et d'azote assemblés.

Pingouins, fleurs, tous les êtres vivants sont constitués de cellules.

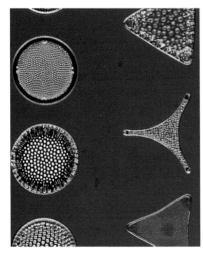

Les diatomées sont de minuscules algues unicellulaires.

Contrairement à l'œuf de poule, celui de d'autruche peut mesurer 20 centimètres de long et peser 1 600 grammes. Pourtant, il est constitué d'une seule cellule !

informations nécessaires à l'assemblage de molécules en cellules spécialisées.

SEMBLABLES MAIS DIFFÉRENTES

Tout ce qui vit sur la Terre se compose donc de cellules. Pourtant, que de différences entre une puce et un rosier, une baleine et un champignon ! C'est qu'il existe de très nombreuses sortes de cellules. Toutes, cependant, sont à peu près construites sur le même modèle : une enveloppe protectrice (la membrane) entourant une substance gélatineuse (le cytoplasme) où baignent des éléments appelés organites, et un noyau. Ce noyau, qui contient les chromosomes, est le poste

Mais comment les molécules se réunissent-elles pour constituer des cellules vivantes ? Pourquoi certaines forment-elles la peau, d'autres les os ou les racines d'un arbre ? Comme pour la programmation d'un ordinateur, les substances chimiques, appelées acides nucléiques, renferment les

de commande de la cellule : il dirige son fonctionnement et son travail spécialisé.

LA VIE INVISIBLE

Il existe des organismes vivants que l'on appelle unicellulaires, car ils ne se composent que d'une seule cellule, comme, par exemple, les microbes ou les bactéries. Ils sont tellement petits qu'on ne peut les voir à l'œil nu, mais seulement avec un microscope.
Or, c'est sous cette forme que la vie a commencé à faire son apparition sur la Terre, il y a 3,8 milliards d'années.

Au départ de leur vie, tous les organismes vivants sont unicellulaires. La cellule grossit, puis se divise en deux cellules nouvelles identiques. Ce processus de division cellulaire, la mitose, se poursuit continuellement...

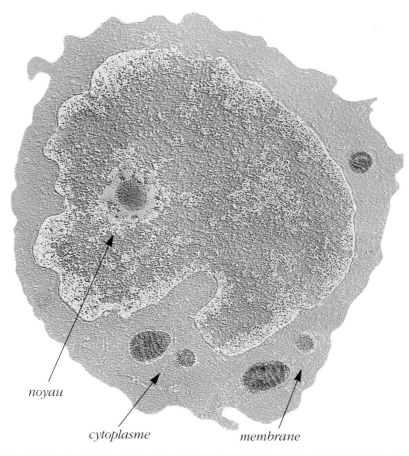

noyau

cytoplasme

membrane

À chacun son travail : tissus et organes

L'anatomiste français Xavier Bichat (1771-1802) définissait la vie comme "l'ensemble des fonctions qui résistent à la mort". Il fut l'un des premiers à établir que les organes sont constitués de différents groupes de cellules, à préciser la notion de tissu et à en définir les propriétés fondamentales. Son traité, intitulé **Anatomie générale** *le rendit célèbre.*

Les astronautes ressentent d'étranges sensations. En effet, tissus et organes ne fonctionnent plus de la même façon lorsqu'ils ne sont pas soumis aux effets de la pesanteur.

Chez les êtres vivants constitués de plusieurs cellules (pluricellulaires), les cellules sont groupées en organes et tissus.
Une plante ou un animal se compose donc de plusieurs parties qui ont chacune un rôle différent : protection, production d'énergie, circulation, transformation des aliments, évacuation des déchets.

UNE PARFAITE COLLABORATION

Un tissu est une association de cellules spécialisées qui assurent une fonction déterminée, comme le tissu épidermique ou les vaisseaux conducteurs de sève.
Un organe est un assemblage de tissus qui collaborent à certaines activités précises (la respiration, la digestion, le mouvement, etc.). Ce sont, par exemple, le cœur,

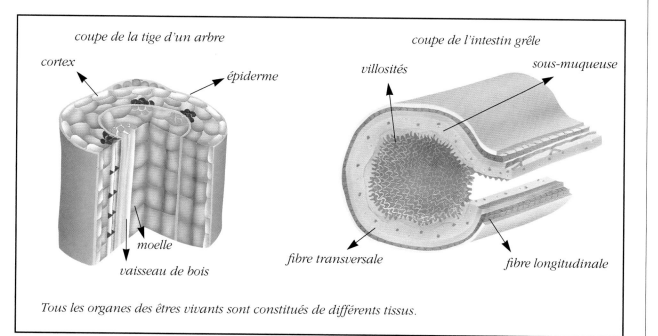

coupe de la tige d'un arbre

cortex

épiderme

moelle

vaisseau de bois

coupe de l'intestin grêle

villosités

sous-muqueuse

fibre transversale

fibre longitudinale

Tous les organes des êtres vivants sont constitués de différents tissus.

le foie, la feuille, l'étamine. Un appareil ou un système est un assemblage d'organes qui participent à une même grande fonction, comme le système circulatoire du sang ou de la sève, ou encore, le système nerveux.

Pour qu'une plante ou un animal puisse vivre dans de bonnes conditions, il est nécessaire que chaque tissu et chaque organe remplisse sa fonction convenablement.

LES SURDOUÉS

Certains organes répondent à plusieurs fonctions. Ainsi, la peau protège notre corps contre toutes sortes de dangers extérieurs, comme le froid ou les microbes. Mais elle constitue aussi l'organe du toucher grâce à ses nombreuses terminaisons nerveuses qui nous renseignent sur la forme, la consistance et la température des objets. De même, les racines d'une plante

sont des organes qui lui permettent à la fois de se fixer dans le sol et d'absorber certaines substances minérales qui s'y trouvent.

SUR LE MÊME MODÈLE

Chaque cellule est elle-même composée de tissus, et comprend des "mini-organes" appelés organites. C'est ce qui permet aux organismes unicellulaires d'avoir, eux aussi, toutes sortes d'activités : respiration, digestion, reproduction, etc. Cependant, les plantes ou les animaux, composés de milliards de cellules réparties en tissus et organes spécialisés, ont des activités bien plus variées et plus perfectionnées.

Si chaque tissu et chaque organe remplit sa fonction correctement, le chat attrapera la souris !

La vie en deux grandes familles

La première classification logique du monde vivant apparaît en 1735 dans le livre Systema Naturae *du célèbre botaniste suédois Carl von Linné. Immense catalogue de tous les organismes vivants et des corps inanimés connus à cette époque, l'ouvrage répertorie plus de 4 400 espèces. Bien avant, au IVe siècle avant J.-C., le Grec Aristote avait classé les espèces animales en deux grands groupes : les animaux au sang rouge (vertébrés) et les autres (invertébrés). Mais, à cette époque, il ne connaissait guère plus de 400 animaux !*

Tous les organismes vivants, qu'ils soient unicellulaires ou pluricellulaires, animaux ou végétaux, respirent, se nourrissent et tous meurent. De plus, ils sont capables de se reproduire, c'est-à-dire de reproduire d'autres organismes semblables à eux. L'ensemble de ces phénomènes fait la différence entre le monde vivant et la matière inerte (métal, pierre, etc.).

QUI PEUT FAIRE QUOI ?

Le monde vivant se répartit en deux grandes familles : les plantes et les animaux. Ainsi, la différence entre un arbre et un chat est évidente. Un arbre pousse, grandit et passe toute sa vie au même endroit, fixé au sol par ses racines ; si on lui arrache une branche ou un morceau d'écorce, il n'y a pas de réaction apparente. En effet, l'arbre ne possède

cellule animale

cellule végétale

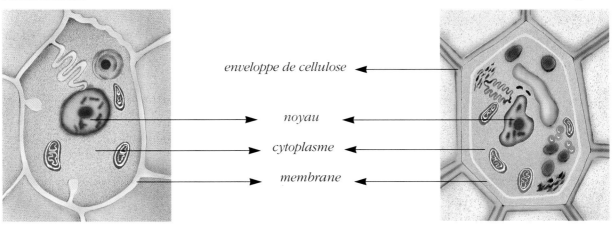

enveloppe de cellulose

noyau

cytoplasme

membrane

Coupe d'une cellule animale et d'une cellule végétale montrant leurs différents constituants.
Différence essentielle entre les deux : la cellule végétale possède une enveloppe de cellulose en plus.

ni muscles, ni système nerveux. Un chat, en revanche, peut se déplacer quand il veut, où il veut ; s'il a peur ou si on le brutalise, il s'enfuit ou se défend. Grâce à ses muscles, le chat est capable de bondir, courir, donner des coups de griffe.
Son système nerveux lui permet de réagir aux odeurs, aux bruits ou aux mouvements qui se produisent autour de lui.

LA VRAIE DIFFÉRENCE
Pourtant, les choses ne sont pas toujours aussi simples... En effet, certains animaux sont incapables de se déplacer et demeurent toute leur vie au même endroit, comme les éponges et les anémones de mer.
Il existe également des plantes qui réagissent au

Durant de nombreuses années, on considérait les éponges comme des végétaux. Pourtant, elles appartiennent bien au règne animal. Elles possèdent un squelette léger et poreux, avec lequel on fabrique les «éponges» à usage domestique.

toucher et qui peuvent faire des mouvements : la dionée, plante carnivore, capture les insectes qui se posent sur elle et les dévore.
Comment savoir alors ce qui sépare les deux grandes familles du monde vivant ? Il existe une différence très importante, même si elle est moins visible que le mouvement : la plupart des plantes sont capables de fabriquer elles-mêmes leur nourriture.

Dès qu'une mouche se pose sur une dionée, les deux feuilles de la plante carnivore se rapprochent pour devenir une véritable prison. La mouche capturée est bien vite transformée en cadavre.

Multiple et indispensable : le règne végétal

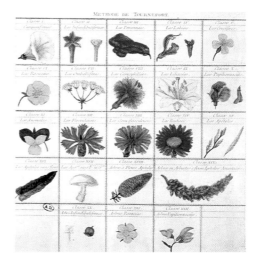

Au XVIIᵉ siècle, un élan scientifique se dessine en Europe. De nombreux savants entreprennent des voyages d'études à travers le monde. Joseph Tournefort, professeur de botanique au Jardin des Plantes (Paris), est envoyé en Asie Mineure et en Europe. De retour à Paris, il entreprend de classer les plantes ayant des caractères communs en groupes et en familles. En 1691, il publie **Eléments de botanique** *ou* **Méthode pour connaître les plantes,** *ouvrage qui fait de lui un précurseur de Carl von Linné.*

DES MILLIERS DE FORMES

Les premières formes de vie capables de s'organiser, c'est-à-dire de s'associer les unes aux autres, ont été des plantes microscopiques. Il s'agissait d'algues bleues unicellulaires apparues dans la mer, il y a environ trois milliards d'années. Depuis cette lointaine époque, les plantes sont devenues extrêmement nombreuses et variées. On en dénombre aujourd'hui plus de 400 000 espèces, qui vont des minuscules moisissures aux immenses arbres des forêts tropicales. Elles ont envahi toute la Terre : on en trouve aussi bien dans les océans que sur les plus hautes montagnes, au milieu des déserts brûlés par le Soleil que dans les étendues glacées des régions polaires.

AVEC OU SANS FLEURS

L'ensemble de toutes les plantes qui existent sur Terre forme le règne végétal. On le divise en deux grandes familles : les plantes inférieures et les plantes supérieures.

Les fleurs du perce-neige s'épanouissent l'hiver.

Les plantes inférieures ne produisent pas de fleurs, en particulier les champignons, les algues, les mousses et les fougères. La famille des plantes supérieures, la plus nombreuse, comprend toutes celles qui produisent des fleurs. On y trouve évidemment les espèces qui nous permettent de faire de beaux bouquets, mais aussi les arbres, les légumes et les céréales, comme le maïs ou le blé.

SANS ELLES, PAS DE VIE POSSIBLE

Les plantes sont indispensables à tous les autres organismes vivants.
Sans elles, les animaux et les hommes n'existeraient pas. En effet, les plantes rejettent dans l'air un gaz vital : l'oxygène.
C'est aussi grâce à elles que tous les organismes vivants peuvent se nourrir. Elles sont mangées par certains animaux, appelés herbivores, eux-mêmes mangés par d'autres, les carnivores. Les restes des animaux morts se décomposent ; ils enrichissent la terre de substances que les plantes absorbent par leurs racines et utilisent pour fabriquer leur propre nourriture. Ce système inépuisable, sans cesse recommencé, constitue la chaîne alimentaire.

Plante aquatique, le nénuphar étale ses feuilles rondes sur l'eau.

Le cactus vit dans les déserts.

Plus de 10 000 plantes peuvent être consommées par l'homme, mais il en cultive seulement 150.

Discrètes,
mais partout présentes

Découverte en 1940, la grotte de Lascaux présente sur ses parois des peintures rupestres vieilles de 15 000 ans. Le site fut d'abord ouvert au public, mais les nombreux visiteurs et les projecteurs ont provoqué des modifications de l'atmosphère. La quantité de dioxyde de carbone, appelé aussi gaz carbonique, et le taux d'humidité ont augmenté, favorisant ainsi une prolifération importante de mousses, d'algues et de champignons sur les parois de la grotte. En 1963, pour éviter d'altérer les merveilleuses peintures, la grotte de Lascaux fut fermée définitivement.

Les fleurs jouent un rôle indispensable : elles produisent les graines qui permettent aux plantes de se reproduire. Pourtant, les nombreuses espèces de plantes inférieures, celles qui n'ont jamais de fleurs, se reproduisent sans graine, en libérant des organes microscopiques qu'on appelle des spores.

On recense aujourd'hui environ 100 000 espèces de champignons. Ici, un "cèpe de Bordeaux".

DE TOUTES LES COULEURS

Dans certains endroits humides, on peut voir sur le sol ou sur les arbres, des plaques gluantes vertes ou brunâtres. Ce sont des amas d'algues microscopiques. Cependant, c'est surtout dans la mer que les algues sont les plus nombreuses et variées. Il en existe de toutes les couleurs : bleues, brunes, vertes, jaunes ou rouges ; et de toutes les formes : larges rubans ou minces filaments. Celle que l'on trouve le plus souvent le long de nos plages est le fucus vésiculeux du varech.

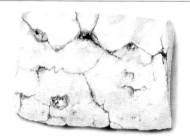

Les moisissures font partie du groupe des champignons. Certaines sont très utiles : les penicilliums servent non seulement à préparer un antibiotique, la pénicilline, mais aussi à confectionner des fromages comme le roquefort.

Ses tiges brunes portent de petites poches remplies d'air qui lui servent de flotteurs. Certaines algues deviennent immenses : une laminaire de l'océan Pacifique peut dépasser 60 mètres de long !

PAS COMME LES AUTRES

Presque toutes les plantes sans fleurs ont besoin de lumière pour se développer. C'est la raison pour laquelle, dans les océans, les algues ne sont jamais très éloignées de la surface.

Les champignons, quant à eux, peuvent vivre dans l'obscurité des grottes ou à l'intérieur du sol, là où les rayons du Soleil ne pénètrent pas.

Les champignons, seuls végétaux qui ne fabriquent pas leur nourriture, se nourrissent de matière végétale ou animale en décomposition dans le sol, comme les feuilles mortes par exemple. D'autres espèces se comportent en parasites, c'est-à-dire qu'elles poussent sur des organismes vivants, dont elles tirent les substances nécessaires à leur existence.

DEUX PLANTES EN UNE

Aussi extraordinaire que cela puisse paraître, le lichen est formé par l'association de deux plantes : une algue microscopique et des filaments produits par un champignon. L'algue nourrit le champignon et le champignon protège l'algue. Ainsi, les lichens poussent à peu près sur toute la surface de la Terre. On en trouve même dans les régions polaires !

À maturité, la vesse-de-loup n'est plus qu'une sorte de sac rempli de spores grisâtres. Il en existe des géantes : en 1987, un Canadien en trouva une de 2,64 mètres de circonférence et d'un poids de plus de 20 kilogrammes.

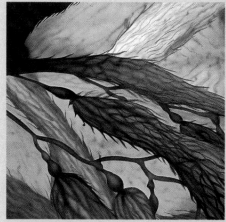
Algue brune

Algue rouge

Algue verte

Laminaires

Les plantes à fleurs

Les arbres les plus grands du monde sont les séquoias d'Amérique du Nord. Ils peuvent atteindre 100 mètres de haut. En Californie, dans le Redwood National Park, se trouve le plus grand de la planète qui culmine à 112 mètres. Pourtant, comme toutes les plantes à fleurs, il a commencé son existence sous la forme d'une simple graine.

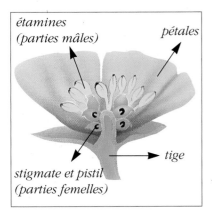

étamines (parties mâles)

pétales

tige

stigmate et pistil (parties femelles)

La plus petite plante à fleurs est une lentille d'eau qui mesure 0,6 mm de large. La plus grande, une glycine de Chine, a des branches de 152 mètres et peut produire jusqu'à 1 500 000 fleurs !

MÂLES ET FEMELLES

Toutes les fleurs n'ont pas des pétales aux couleurs vives. Beaucoup, très discrètes, sont même à peine visibles. Mais toutes servent à la reproduction des plantes qui les portent. Les pétales entourent, en effet, des organes mâles et des organes femelles. Les organes mâles, les étamines, produisent des grains minuscules : le pollen. Les organes femelles, au centre de la fleur, sont le stigmate et le pistil dont la base renferme des cellules appelées ovules. Quand un ovule est fécondé par un grain de pollen, il commence à se développer pour devenir une graine. Cette graine germe : elle éclate, donnant ainsi naissance à une minuscule tige qui se fixe dans le sol. À partir de ce moment, la plante développe des racines, des branches, des feuilles, qui grandissent peu à peu jusqu'à devenir un arbre immense. Cet arbre

La germination est l'ensemble des phénomènes par lesquels une graine développe un embryon et donne naissance à une nouvelle plante de même espèce. Elle commence par l'apparition de la radicule (1), qui grandit et produit de petits poils qui absorbent l'eau et les sels minéraux. Puis, une nouvelle pousse apparaît (2). Enfin, la pousse, les feuilles et les racines vont se développer.

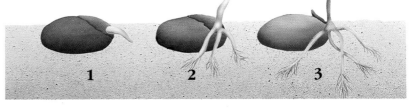

1 2 3

produira lui-même des graines, capables à leur tour de donner naissance à d'autres arbres.

DES USINES VERTES

Si les plantes vertes ont cette couleur, c'est parce qu'elles renferment une substance appelée chlorophylle.
Toutes les plantes chlorophylliennes, des simples herbes aux arbres géants, fonctionnent comme de véritables usines chimiques, car elles fabriquent elles-mêmes leur nourriture. C'est ce que l'on appelle la photosynthèse.
La chlorophylle capte une puissante source d'énergie : la lumière du Soleil, véritable "carburant de l'usine".
Grâce à elle, la plante transforme le gaz carbonique de l'air absorbé par les feuilles, et l'eau du sol absorbée par les racines, en un aliment indispensable à son développement : le sucre.
Mais, comme n'importe quelle usine, la plante rejette des déchets sous une forme qui nous est précieuse : l'oxygène. Sans plante, pas d'oxygène. Sans les plantes, aucune vie animale n'aurait donc pu se développer sur Terre.

Par photosynthèse, grâce à la chlorophylle qui capte l'énergie solaire, les feuilles produisent des glucides avec le gaz carbonique (CO2) et l'eau (H2O). Ainsi est fabriquée la sève. L'oxygène est ensuite rejeté comme déchet.

POLLINISATION ET FÉCONDATION

1

1

2

La pollinisation, transfert de pollen des organes mâles aux organes femelles, est indispensable à la production de graines. Le pollen est parfois transporté par des insectes ou par le vent. Souvent, la pollinisation s'effectue entre les fleurs de la même plante, c'est la pollinisation directe (1). Pour la pollinisation croisée, le pollen est transporté de l'étamine d'une plante au stigmate d'une autre (2).
La pollinisation par des insectes (3) : allant de fleurs en fleurs, les insectes se couvrent de pollen. Lorsqu'ils rampent au cœur de la fleur pour y récolter le nectar, ils se frottent aux étamines et aux stigmates et pollinisent ainsi la fleur.

3

nectar   ovule   étamine

La fécondation suit la pollinisation. Le grain de pollen s'est posé sur un stigmate. Alors, un tube pollinique se développe et descend jusqu'à l'ovule. Le noyau mâle y descend pour fusionner avec le noyau femelle. Dès que l'ovule est fécondé, il commence à croître pour devenir une graine.

grain de pollen   noyau mâle   fusion des noyaux mâle et femelle
ovule

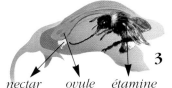

oxygène

CO2

glucides

H2O et sels minéraux

Décors vivants : d'un extrême à l'autre

« Toute la matinée est à moi pour explorer la lisière du bois, l'endroit le plus frais et le plus caché du pays (...) C'est comme un ancien lit de ruisseau. Je passe sous les basses branches d'arbres dont je ne sais pas le nom mais qui doivent être des aulnes. J'ai sauté tout à l'heure un échalier au bout de la sente, et je me suis trouvé dans cette grande voie d'herbe verte qui coule sous les feuilles, foulant par endroits les orties, écrasant les hautes valérianes. Et dans le silence, j'entends un oiseau — je m'imagine que c'est un rossignol, mais sans doute je me trompe, puisqu'ils ne chantent que le soir — un oiseau qui répète obstinément la même phrase : voix de la matinée, parole dite sous l'ombrage, invitation délicieuse au voyage entre les aulnes. »
Alain-Fournier, Le Grand Meaulnes

La végétation des bords de la Méditerranée ne ressemble pas à celle de la Savoie ou de la Bretagne. Cette différence est encore plus notable entre un désert du Sahara et la forêt amazonienne, ou entre les grandes prairies d'Amérique du Nord et les îles montagneuses du Japon. Les plantes ne sont pas les mêmes partout. Elles ne s'adaptent pas à n'importe quelles conditions de vie, et ne sculptent donc pas les mêmes paysages. Ainsi, ceux-ci diffèrent selon les climats, le relief et la composition du sol. Mais les hommes et leurs activités jouent aussi un rôle. L'agriculture, l'élevage, la construction de villes ou de routes ont transformé des régions entières.

LES ARBRES DE CHEZ NOUS

La forêt recouvre environ un tiers de toutes les terres de notre planète. Dans les régions d'Europe où le climat est tempéré, la forêt se compose principalement d'arbres qui perdent leurs feuilles en hiver.

Ce sont des arbres à feuilles caduques, appelés feuillus, comme les chênes, les hêtres, les frênes ou les châtaigniers.

D'autres arbres conservent leur feuillage toute l'année. Il s'agit des résineux ou conifères, comme les pins et les sapins. On en rencontre différentes espèces en montagne (sapins, épicéas, etc.), mais aussi dans le Midi et dans le Sud-Ouest de la France. Ainsi, les immenses étendues de pins des Landes constituent le plus grand ensemble forestier d'Europe.

DE MULTIPLES LOCATAIRES

Il suffit de se promener dans une forêt pour s'apercevoir qu'on n'y trouve pas seulement des arbres. De nombreuses petites plantes poussent sur le sol, où toutes sortes de fleurs font leur apparition dès la fin de l'hiver (anémones, violettes, muguets). En été, elles se raréfient et sont remplacées par les champignons.

De nombreux animaux vivent également dans les forêts. Depuis leurs racines jusqu'au sommet de leur feuillage, certains arbres, comme le chêne rouvre, peuvent être fréquentés par plus d'une centaine d'espèces différentes : vers, insectes, oiseaux et mammifères.

La forêt recouvre 25 % du territoire français. Mais l'on peut aussi "fabriquer" des paysages forestiers. Ainsi, l'immense forêt des Landes a été entièrement créée par l'homme au siècle dernier pour récolter la résine des pins.

UNE SEULE SAISON

L'équateur est une ligne imaginaire qui ceinture la Terre à égale distance des deux pôles. Cette ligne traverse des régions chaudes et très humides, où s'étendent d'immenses forêts appelées équatoriales ou encore forêts vierges. La plus grande, la forêt amazonienne, se situe en Amérique du Sud. Mais on en trouve aussi en Afrique et en Asie. Contrairement aux pays tempérés, dans ces régions le climat ne change jamais. En effet, les saisons n'existent pas : les températures sont toujours élevées et les pluies abondantes...

La végétation reste toujours verte car, au fur et à mesure que les plantes meurent, d'autres les remplacent et ainsi de suite sans interruption, si bien que le paysage demeure le même tout au long de l'année.

PLUSIEURS ÉTAGES

À plus de 50 mètres au-dessus du sol, la forêt équatoriale est dominée par le feuillage d'arbres immenses. Au-dessous de ces géants, le reste de la végétation forme plusieurs étages : des arbres moins grands atteignant au maximum une trentaine de mètres, puis d'autres encore moins grands dont le feuillage surplombe celui des petits arbres de 4 à 6 mètres et des arbustes qui se mêlent aux multiples plantes dont le sol est recouvert (herbes, mousses, fougères). À cela s'ajoute toute une végétation qui pousse sur les arbres eux-mêmes : lianes, mousses, lichens, et des plantes à fleurs comme les orchidées. Cet ensemble est tellement enchevêtré que la lumière du Soleil pénètre rarement jusqu'au sol où il fait très sombre.

La forêt équatoriale exige des pluies abondantes. Elle se caractérise par la diversité des espèces végétales qui y poussent en étage.

Les cactus, ici un saguaro, poussent dans les déserts d'Amérique du Nord. Les rares jours de pluie, ils stockent dans leur tige une quantité d'eau considérable qu'ils utilisent lors des sécheresses.

SURVIVRE DANS LE DÉSERT

Imaginez un endroit où la chaleur peut dépasser 50 °C, où les pluies sont très rares et peu abondantes, où les vents souvent violents augmentent encore la sécheresse...

Vous êtes alors dans un désert, comme celui du Sahara en Afrique, le plus grand du monde. Pourtant, des plantes se sont adaptées à la sécheresse et parviennent à y vivre. Certaines demeurent enfouies dans le sol pendant des mois, sous forme de graines qui germent et poussent très rapidement à la moindre goutte de pluie. D'autres ont des racines qui s'enfoncent jusqu'à plus de 30 centimètres de profondeur pour atteindre

Lorsqu'il pleut dans le désert, certaines espèces végétales peuvent fleurir et produire des graines très rapidement. Ces graines resteront dans le sol jusqu'à la prochaine averse.

les couches d'humidité. D'autres encore accumulent des réserves de liquide dans leurs tiges, comme le cactus.

Les déserts ne cessent de gagner du terrain : dans l'ensemble du monde, ils augmentent chaque année d'une superficie équivalente à une dizaine de départements français.

Un arbre aux multiples branches : le règne animal

En 1827, le pacha d'Égypte Mohamed Ali offre au roi Charles X une girafe, animal encore mal connu à l'époque. L'émotion est considérable lorsqu'elle est présentée aux Parisiens. La Gazette de France écrit dans ses pages : « La Girafe arrivée à Paris samedi soir, a fait avant-hier sa seconde apparition devant le public de Paris. Messieurs les administrateurs du Jardin des Plantes ont choisi à cet effet un emplacement très commode pour les spectateurs : déjà des milliers de Parisiens en savent plus sur cette merveille des déserts que n'en ont jamais su Pline, Aristote, Buffon... »

Les premiers ancêtres de tous les animaux actuels ont fait leur apparition dans les océans, il y a une centaine de millions d'années. Ils étaient unicellulaires.

Les animaux les plus nombreux sont les insectes : on en connaît près d'un million d'espèces répandues sur toute la Terre, même dans l'Antarctique.

C'est à partir de ces microscopiques créatures marines que tout a commencé, car les organismes vivants n'ont pas cessé de se transformer depuis cette lointaine époque, donnant ainsi naissance à des animaux de plus en plus nombreux, très différents les uns des autres. Cette longue histoire s'appelle l'évolution.
On peut la comparer à un arbre, dont les racines sont les premières formes de vie unicellulaire et les multiples branches et ramifications toutes les espèces actuelles. Cet arbre comprend deux troncs de dimensions très inégales.

Aujourd'hui encore, il existe 30 000 espèces d'animaux unicellulaires : ce sont les protozoaires qui forment le plus petit des deux troncs de notre arbre. L'autre est beaucoup plus gros, car il comprend tous les autres animaux, ceux qui sont constitués de nombreuses cellules associées en tissus et en organes spécialisés : ce sont les métazoaires, dont il existe environ 1 100 000 espèces différentes. Ce gros tronc se divise lui-même en deux branches principales : les invertébrés, c'est-à-dire les animaux qui n'ont pas de colonne vertébrale, et les vertébrés.

Toutes les branches correspondent elles aussi à des animaux d'aspects très différents.
Comme les plantes, les animaux grandissent et se reproduisent, respirent, se nourrissent, éliminent des déchets et meurent. Mais ils ne fabriquent pas leur nourriture ; ils se nourrissent de plantes ou d'autres animaux. Pour brouter de l'herbe ou pour chasser, ils ont donc besoin de se déplacer et de faire un certain nombre de mouvements. C'est pourquoi ils possèdent des muscles et un système nerveux qui contrôle leurs activités.

PRINCIPAUX EMBRANCHEMENTS DU RÈGNE ANIMAL

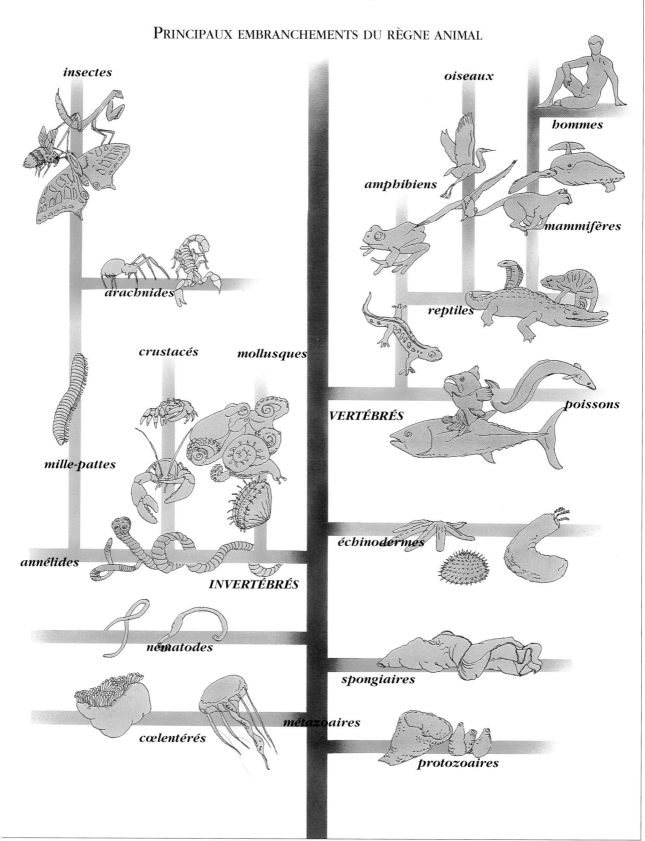

insectes

oiseaux

hommes

amphibiens

mammifères

arachnides

reptiles

crustacés

mollusques

VERTÉBRÉS

poissons

mille-pattes

échinodermes

annélides

INVERTÉBRÉS

nématodes

spongiaires

métazoaires

cœlentérés

protozoaires

Soutien et protection

« *Mais, seul, loin du bateau et du rivage, Jonathan Livingston le Goéland s'exerçait. À une trentaine de mètres d'altitude, il abaissait ses pattes palmées, relevait son bec et s'efforçait douloureusement d'imprimer à ses ailes une plus forte cambrure. Cette cambrure freinait son vol. Il se sentait ralentir jusqu'à ce que sur sa tête le vent ne fût plus qu'un léger souffle et que là en bas, sous lui, s'immobilise l'Océan. Les yeux à demi fermés, retenant sa respiration, se concentrant furieusement, il s'efforçait d'incurver ses ailes un peu plus... un peu plus encore... Puis la perte de vitesse ébouriffait ses plumes, il décrochait et tombait. (...) Jonathan Livingston le Goéland aimait par-dessus tout à voler.* »
Richard Bach, Jonathan Livingston le Goéland

UNE SOLIDE CHARPENTE

Quel est le point commun entre un ours, un rossignol, une carpe, un lézard et l'homme ?

Tous sont des vertébrés : leur corps est soutenu par une charpente, le squelette, formée de nombreux éléments durs (os, cartilages) qui s'articulent de chaque côté d'une tige souple, la colonne vertébrale.

Le squelette n'a pas seulement un rôle de soutien. Grâce aux muscles qui s'y rattachent, les os peuvent se déplacer les uns par rapport aux autres, permettant ainsi d'effectuer toutes sortes de mouvements : courir, voler, nager... Ils assurent également la protection et le soutien des tissus et des organes : la colonne vertébrale sert d'étui aux nerfs qui relient le cerveau au reste du corps, les os de la cage thoracique abritent le cœur et les poumons.

UN VÊTEMENT SUR MESURE

Le corps de tous les vertébrés est entouré d'une enveloppe souple, imperméable, qui grandit avec lui : la peau.

La peau protège le corps

Les animaux qui volent possèdent des caractéristiques bien spécifiques : des ailes bien sûr, un squelette souvent léger et une silhouette aérodynamique. Ils ont aussi des muscles puissants, afin de remuer leurs ailes. D'ailleurs, l'animal le plus rapide est un oiseau, le faucon pèlerin : en piqué, il peut dépasser 360 km/h.

contre de nombreux dangers : froid, chaleur, chocs, microbes... Son épaisseur est très variable, de 0,5 à 4 millimètres sous le talon chez l'homme, alors que celle de l'hippopotame atteint 5 centimètres. Elle est complétée par des éléments de protection particuliers, différents selon les espèces animales : poils plus ou moins longs et nombreux chez les mammifères, écailles pour les reptiles et les poissons, plumes pour les oiseaux. Chez certains vertébrés comme les tortues, la peau peut même former une véritable cuirasse de plaques très dures.

UN SQUELETTE EXTÉRIEUR

Mais comment le corps des invertébrés peut-il être soutenu sans colonne vertébrale et sans squelette ? Beaucoup sont entourés d'une enveloppe dure qui leur sert de squelette extérieur. Pour les uns, il s'agit d'un ensemble d'éléments articulés qui ressemble un peu à une armure ; c'est le cas chez les crustacés et chez la plupart des insectes. D'autres sont protégés par une coquille dont la forme varie selon l'animal : en spirale pour l'escargot, conique pour la patelle, double pour la moule ou le couteau... Cependant, certains animaux sont totalement dépourvus de squelette. Rien ne les protège,

Contrairement à la plupart des poissons qui possèdent un squelette osseux, le requin est fait de cartilage, une matière plus flexible. La forme de son corps, hydrodynamique, est parfaitement adaptée à sa vie aquatique.

leurs organes sont simplement soutenus par un liquide qui les entoure et fait pression sur les parois du corps. C'est le cas, par exemple, des vers de terre et des méduses.

Grâce à son squelette et à ses muscles, le chat peut bondir...

Manger ou être mangé

« Un ululement suraigu retentit et un autre et un autre encore. Ils semblaient venir de tous côtés en même temps et emplir tout l'espace de leur stridence. Un troupeau de buffles qui broutaient au fond de la plaine s'ébranla, terrifié, et se dispersa en tous sens. (...) King, d'une seule détente, s'envola par-dessus le fourré. Et soudain j'eus devant les yeux l'image même que j'avais vue dans un des livres où j'avais appris à lire et qui avait hanté toute mon enfance : un buffle lancé dans un galop frénétique, avec, pour cavalier, un lion dont les crocs labouraient sa nuque bossue. »
Joseph Kessel, **Le Lion**

HERBIVORES ET CARNIVORES

Dans un arbre, une chenille a déjà rongé la moitié d'une feuille. Soudain, surgit une mésange qui la saisit dans son bec et va se poser pour la manger. Mais, à peine le petit oiseau a-t-il terminé son repas, qu'un chat bondit, le tue et le dévore. Un peu plus tard, quand le chat rassasié repart, il laisse derrière lui des plumes et des lambeaux de chair. Une partie de ces restes sera mangée par des insectes, l'autre sera décomposée par des bactéries et des vers, enrichissant ainsi le sol de substances qui serviront de nourriture aux champignons, ou seront absorbées par les racines des plantes. C'est ce que l'on appelle la chaîne alimentaire.

Des animaux herbivores mangent des végétaux, et sont eux-mêmes mangés par des carnivores qui, à leur tour, sont susceptibles d'être les proies d'autres carnivores plus gros. Et les organismes "recy-

Les dents du chien (1) doivent broyer la chair d'autres animaux. Elles sont pointues et, arrivées à maturité, ne poussent plus. Celles d'un herbivore sont conçues pour broyer les végétaux (2) ; elles s'usent et poussent durant toute la vie de l'animal. Le record du nombre de dents est détenu par certains gros poissons-chats. Ils peuvent en avoir jusqu'à 9 280 !

cleurs", animaux ou végétaux, utilisent tous les déchets (cadavres, excréments) et les remettent en circulation dans la chaîne alimentaire.

C'est un circuit sans fin : rien n'est jamais perdu.

DANS LES OCÉANS AUSSI...

Il y a des chaînes alimentaires partout où la vie est présente. Dans la mer, des végétaux microscopiques, généralement des algues unicellulaires, sont mangés par des animaux également microscopiques. Les uns et les autres forment le plancton qui sert de nourriture à de nombreuses espèces de poissons, mais aussi à des mammifères marins comme les baleines. Les poissons mangeurs de plancton, comme les harengs et les sardines, deviennent la proie de poissons carnivores, comme les raies et les morues, ou

de mammifères marins comme les phoques. Les déchets de ces chaînes alimentaires sont récupérés par des organismes unicellulaires, les bactéries, et par de nombreux animaux, les coquillages en particulier.

D'INDISPENSABLES TRANSFORMATIONS

Un animal a besoin de manger pour fournir à son corps le "carburant" indispensable à son fonctionnement :

croissance, mouvements, reproduction, etc. Mais, tout ce qu'il mange ne lui est pas nécessaire. Ses aliments doivent donc être décomposés : les substances utiles peuvent ainsi se répartir dans les différents tissus

et organes qui en ont besoin, le reste est expulsé sous forme d'excréments. C'est la digestion.

L'étoile de mer saisit la coquille Saint-Jacques qui ne pourra échapper à la mort...

Le caméléon, prédateur discret, attrape les insectes avec sa longue langue.

Chaque animal possède une dentition adaptée à son alimentation.

dent et crâne d'un carnivore

molaire et crâne d'un herbivore

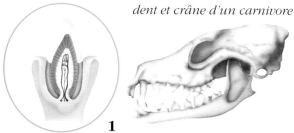

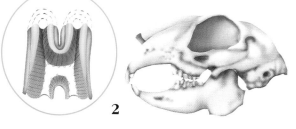

Fabriquer la vie

Certains animaux se reproduisent beaucoup plus vite que d'autres. Ainsi, un couple de rats pourrait avoir plus de vingt millions de descendants en seulement quelques années !

Seuls les organismes vivants sont capables de se reproduire eux-mêmes, c'est-à-dire de produire d'autres organismes qui leur soient à peu près identiques. C'est ce qui a permis à la vie de se développer et de continuer à être présente sur notre planète sous de multiples formes. Des microscopiques bactéries unicellulaires aux énormes baleines, chaque plante, chaque animal peut donner naissance à d'autres plantes ou à d'autres animaux, qui se reproduisent à leur tour...

Les oiseaux couvent leurs œufs jusqu'à l'éclosion. Un fois arrivé au terme de son développement, l'embryon commence à bouger à l'intérieur de l'œuf, et perce la coquille avec son bec pour enfin respirer l'air frais.

DIVISION = MULTIPLICATION !

Les cellules se multiplient... en se divisant, chacune formant ainsi deux nouvelles cellules qui se divisent pour en former quatre... huit... seize, etc. Les organismes unicellulaires, comme les amibes, se reproduisent de cette façon. C'est également le cas chez certains animaux formés de nombreuses cellules, les vers en particulier. Si on coupe un ver en plusieurs morceaux, chacun des morceaux peut devenir un nouveau ver. D'autres espèces se reproduisent par bourgeonnement, comme l'hydre d'eau douce. En effet, des bourgeons poussent sur son corps, grandissent et finissent par se détacher pour devenir des organismes indépendants. Dans tous ces exemples, il n'y a pas d'accouplement entre un individu mâle et un individu femelle. C'est ce qu'on appelle la reproduction asexuée.

LA FÉCONDATION

Mais, la plupart des organismes vivants se reproduisent par la fécondation d'une cellule sexuelle femelle (ovule) par une

Comme certains poissons, les batraciens pondent de nombreux œufs. À l'intérieur de l'œuf, l'embryon se nourrit du jaune et devient une larve. Cette larve, appelée têtard, se métamorphose en quelques semaines pour devenir grenouille.

Les escargots, comme de nombreux animaux (crustacés, parasites, mollusques) sont hermaphrodites : ils possèdent simultanément les deux sexes, mâle et femelle. Cependant, ils ne peuvent s'autoféconder et s'accouplent deux à deux.

cellule sexuelle mâle (spermatozoïde). Il s'agit alors de reproduction sexuée.

Chez de nombreux animaux, la rencontre et l'union des deux cellules sexuelles se passent à l'intérieur du corps de la femelle. Lors d'un accouplement, le mâle introduit son organe génital dans celui de la femelle.

Toutefois, chez la plupart des animaux qui vivent dans l'eau, la fécondation se fait à l'extérieur du corps : la femelle libère dans l'eau des ovules, sur lesquels le mâle dépose des spermatozoïdes. Dans tous les cas, chaque ovule fécondé se multiplie comme une cellule ordinaire, jusqu'à former un nouvel organisme vivant.

Toute cellule contient des messages codés : les informations génétiques. Chez les mammifères, les parents les transmettent en partie à leur progéniture. Ces gènes régissent l'organisation et le fonctionnement de l'animal, et sont donc les mêmes pour tous les individus d'une même espèce. Cependant, certains gènes régissent un signe particulier, comme la couleur des yeux ou celle de la fourrure. C'est pourquoi, une maman chat peut avoir des chatons de différentes couleurs.

Pour mieux vivre ensemble : langage et vie sociale

Les termites sont des insectes qui vivent en société dans des termitières. Monticules de terre durcie percés de galeries, certaines en Afrique dépassent les six mètres de haut, vingt mètres de large, et peuvent héberger plus de deux millions d'individus.

UN LANGAGE SANS PAROLES

Quand un chien remue la queue, nous savons qu'il manifeste sa joie et sa bonne humeur. S'il la replie entre ses pattes de derrière, c'est qu'il a peur. Ces attitudes lui permettent de montrer ce qu'il ressent. Il s'agit donc d'une sorte de langage.

La plupart des animaux utilisent ainsi un certain nombre de signaux "codés" pour communiquer entre eux, exprimer leurs émotions ou leurs intentions. Ces signaux peuvent être sonores (aboiements de chiens, sifflements des dauphins, stridulations des sauterelles) ou visuels (attitudes et mimiques des singes, danses des abeilles). Il peut aussi s'agir d'odeurs, comme c'est le cas chez les insectes et chez beaucoup de mammifères. Le toucher peut également jouer un rôle : certains rongeurs se frottent le nez pour se reconnaître entre eux, et de nombreux

Les puissantes incisives du castor lui permettent d'abattre des arbres d'un diamètre impressionnant. Avec des arbres, de la boue et des pierres, il construit des barrages en travers des cours d'eau.

insectes se tâtent avec leurs antennes dès qu'ils se rencontrent.

ISOLÉS OU ASSOCIÉS

Les tigres sont des animaux solitaires. Chaque mâle et chaque femelle vit seul sur le territoire où il chasse. Ils ne se fréquentent que pendant une courte période, pour s'accoupler, après quoi, chacun repart de son côté. De nombreux animaux ont un comportement analogue, qu'il s'agisse d'autres mammifères comme le grand panda, d'oiseaux comme le martin-pêcheur ou de poissons comme le requin. C'est également le cas pour la plupart des insectes. Cependant, de nombreux animaux vivent en groupes plus ou moins importants : meutes de loups, hardes de cerfs, compagnies de perdrix, bancs de poissons... Pour les uns, c'est un moyen de se procurer plus

Les pucerons produisent un sirop sucré, appelé miellat. Certaines espèces de fourmis, friandes de ce sirop, élèvent des pucerons pour le collecter. Sur la tige d'une plante, elles préparent un abri où elles rassemblent les pucerons. Ainsi, elles sont toujours approvisionnées !

facilement leur nourriture en s'organisant pour chasser. Pour d'autres, c'est surtout une question de sécurité : une bande de singes ou d'antilopes se protège mieux contre ses prédateurs que des individus isolés. Et puis, il existe aussi ce que l'on nomme les insectes sociaux, comme les abeilles, les fourmis ou les termites. Ils vivent en colonies extrêmement nombreuses et bien organisées, dont les membres se répartissent le travail, un peu comme dans les sociétés humaines.

Pour résister à l'assaut de leurs prédateurs, les bœufs musqués font face à l'ennemi en groupe compact.

Un mammifère surdoué : l'homme

« Naoh, pris de pitié, allait leur montrer comment on fait croître la flamme, lorsqu'il aperçut, parmi les saules, une femme qui frappait l'une contre l'autre deux pierres. Des étincelles jaillissaient, presque continues, puis un petit point rouge dansa le long d'une herbe très fine et très sèche ; d'autres brins flambèrent, que la femme entretenait doucement de son souffle : le Feu se mit à dévorer des feuilles et des ramilles. Le fils de Léopard demeurait immobile. Et il songea, pris d'un grand saisissement : "Les Hommes-sans-Épaules cachent le Feu dans les pierres !" »
J.-H. Rosny aîné, La Guerre du feu

NOTRE ARBRE GÉNÉALOGIQUE

Non, l'homme ne descend pas du singe, mais l'un et l'autre sont un peu "cousins". Ils appartiennent en effet à la même famille de mammifères, celle des primates.

L'arbre généalogique de cette famille repose sur un tronc unique qui a fait son apparition il y a 65 millions d'années. Et puis, il y a environ 20 millions d'années, ce tronc a donné naissance à deux branches : celle des singes et celle des ancêtres de l'homme actuel. Peu à peu, nos ancêtres se sont transformés en s'adaptant à un mode de vie différent de celui des primates. Cette évolution a été marquée principalement par l'augmentation du volume du cerveau et de sa complexité. Aujourd'hui, le cerveau d'un homme de 70 kilos pèse en moyenne 1 400 grammes, alors que celui d'un gorille de 150 kilos ne pèse que 500 grammes.

Homo habilis (2,5 millions d'années)

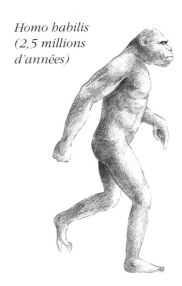

Australopithecus africanus (3 millions d'années)

Depuis son apparition sur Terre, l'homme a beaucoup évolué. Le volume de sa boîte cranienne, notamment, s'est considérablement accru.

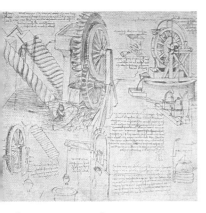

L'homme est un être vivant inventif, comme le montrent ces croquis de Léonard de Vinci.

LE LANGAGE ET L'OUTIL

L'homme se distingue donc avant tout par le développement de son intelligence. Elle lui a permis de se créer un langage articulé, formé d'une multitude de mots. Avec ces mots, il compose des phrases pour raconter des histoires, décrire ce qu'il voit ou ce qu'il pense. Aucun animal n'est capable d'en faire autant.

C'est aussi son intelligence qui a permis à l'homme d'utiliser des outils, puis de s'en servir pour en fabriquer d'autres, de plus en plus perfectionnés. Certains animaux utilisent des outils, mais il s'agit toujours d'objets très simples (branches, cailloux), et non d'outils inventés ou fabriqués.

Enfin, l'homme se distingue des autres primates par ce que l'on appelle la station bipède : il se tient et se déplace debout. La plupart des singes savent aussi se tenir debout, mais jamais de façon prolongée, et pour courir vite, ils se déplacent toujours à quatre pattes.

INVENTER, C'EST GAGNER

L'homme n'a pas d'ailes pour voler, ni de fourrure pour se protéger du froid. Il a beaucoup moins de force et de rapidité que nombre d'animaux. Mais son intelligence lui

Seuls quelques animaux utilisent des outils, comme ici la loutre de mer qui se sert d'un caillou pour ouvrir un coquillage.

permet de s'adapter à toutes les situations. Ainsi, il invente et construit pour améliorer ses conditions de vie. Il peut aujourd'hui se déplacer dans les airs et dans l'espace, se protéger du froid comme de la chaleur... C'est pourquoi l'homme a colonisé la Terre entière : il est partout présent, même dans les régions les plus hostiles.

Homme de Cro-Magnon (40 000 ans)

Homme de Néandertal (100 000 ans)

Homo erectus (1,8 millions d'années)

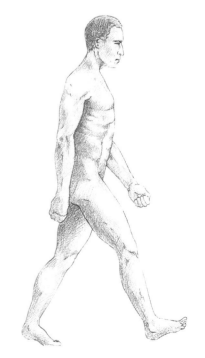

Des pieds à la tête : une parfaite entente

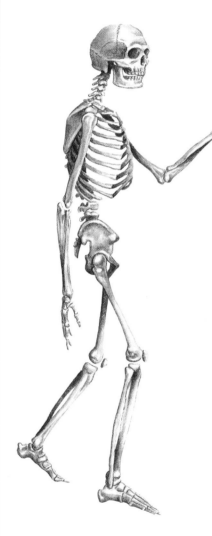

Quelques chiffres : notre corps comprend 206 os qui représentent 25 % de son poids total et plus de 600 muscles (40 %). Il est enveloppé par environ 2 m² de peau dont l'épaisseur varie de 0,5 mm à 4 mm selon les endroits.

UNE CHARPENTE ARTICULÉE

Essayez d'imaginer à quoi ressemblerait notre corps sans squelette : il ne serait qu'une masse informe, incapable de se tenir debout.

Le squelette est en effet la charpente qui sert de support à toutes les parties molles de notre corps et qui en protège les organes fragiles. Comme il est articulé, il sert aussi de support à nos mouvements, grâce aux muscles qui s'y rattachent. Il se compose de différents os : courts (vertèbres), plats (voûte du crâne), et longs (côtes, os des bras et des jambes).

Les os sont formés de tissus vivants, dont les cellules ont besoin de recevoir les substances nutritives et l'oxygène nécessaires à leurs activités.

C'est la raison pour laquelle, les os sont parcourus par des vaisseaux sanguins, et des nerfs.

COMMANDÉS OU AUTOMATIQUES

Marcher, parler, rire... Notre corps ne cesse jamais de fonctionner, même pendant notre sommeil. Or, toutes ces activités sont assurées grâce à des muscles. Les uns (muscles striés rattachés au squelette) sont commandés par notre volonté, comme, par exemple, ceux des bras. Ainsi, quand nous levons la main pour ouvrir une porte, c'est parce que nous l'avons décidé.

Mais d'autres (muscles lisses et muscles du cœur) travaillent de façon automatique, sans que nous les contrôlions. C'est grâce à eux que fonctionnent des organes qui assurent toutes sortes d'activités indispensables, comme la

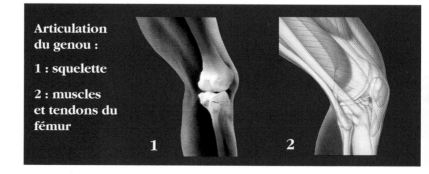

Articulation du genou :

1 : squelette

2 : muscles et tendons du fémur

respiration, la circulation du sang, la digestion.

UNE DOUBLE ACTION

Le travail d'un muscle se limite à deux activités complémentaires : se contracter en rétrécissant et se décontracter. Les muscles du squelette déplacent ainsi les os auxquels ils se rattachent : en tirant dessus quand ils se contractent. Ainsi en est-il également des muscles qui agissent sur nos organes. Par exemple, les aliments progressent dans le tube digestif et le sang circule dans les artères grâce aux contractions d'un certain nombre de muscles qui fontionnent automatiquement.

LA DIRECTION GÉNÉRALE

Le chef, c'est le nom que l'on donnait autrefois à la tête. Eh bien nos ancêtres avaient raison, car la tête abrite un organe, le cerveau, qui dirige tout ce que nous

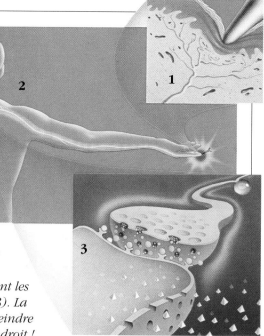

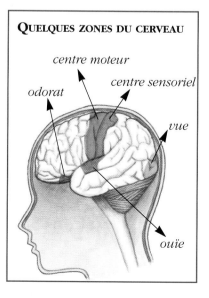

Quand tu te piques avec une aiguille (1), les détecteurs tactiles situés sous ta peau envoient des influx nerveux via les nerfs sensitifs à la moelle épinière (2). Celle-ci trans-met ces messages à des nerfs moteurs, qui commandent aux muscles du bras de retirer ta main. Ce sont les neurones qui relaient les messages jusqu'aux muscles (3). La vitesse de ces messages peut atteindre 140 mètres par seconde par endroit !

Le cerveau se partage en deux hémisphères, l'un à gauche et l'autre à droite. Celui de gauche contrôle la partie droite du corps et inversement. Or, chez la plupart des individus, l'hémisphère gauche est le plus développé : c'est pour cela qu'il y a davantage de droitiers que de gauchers.

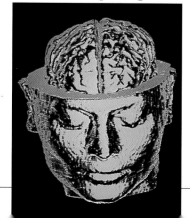

faisons. Siège de la pensée, il fait de l'homme un "surdoué" du monde vivant. À lui seul, le cerveau regroupe plus d'un cinquiè-me de toutes nos cellules : onze milliards sur soixante. Ces cellules se prolongent à l'intérieur de la colonne vertébrale par la moelle épinière, d'où partent de longs filaments qui se rami-fient dans tout notre corps : les nerfs. Cet ensemble (cerveau, moelle épinière, nerfs) forme le système nerveux. En fait, il y a deux systèmes nerveux : le système cérébro-spinal qui contrôle nos sensations et nos activités volontaires, et le système végétatif qui commande toutes les fonc-tions automatiques de notre organisme (battements de cœur, respiration...).

SE RENSEIGNER AVANT D'AGIR

Il faut différencier ce que nous ressentons et ce que nous décidons. Nous

disposons en effet d'un réseau de communication qui fonctionne à double sens, grâce à deux sortes de nerfs : nerfs sensitifs et nerfs moteurs. Dans un sens, les nerfs sensitifs informent le cerveau de ce qu'enregistrent les organes des sens : yeux (vue), oreilles (ouïe), peau (toucher), langue (goût), nez (odorat). Et, en sens inverse, les nerfs moteurs envoient les ordres du cerveau aux muscles qui nous font agir.

QUELQUES ZONES DU CERVEAU

centre moteur

centre sensoriel

odorat

vue

ouïe

Des échanges perpétuels

En 1690, l'astronome anglais Edmund Halley fait construire une cloche à plongeur, qui lui permet de rester avec quatre autres personnes à seize mètres de profondeur pendant une heure et demie. La cloche était en bois doublé de plomb et comportait des hublots en verre. Elle était maintenue près du fond grâce à trois masses de plomb qui servaient de lest, et reliée à des tonneaux étanches remplis d'air. Ainsi, la pression de l'eau poussait l'air dans les tuyaux, ce qui lui permettait de se renouveler. La cloche de verre individuelle portée sur les épaules, qui apparaîtra plus tard, est l'ancêtre du scaphandre.

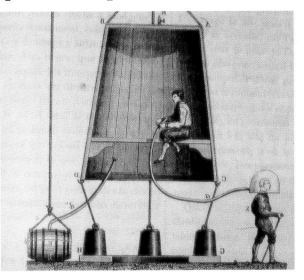

Chaque minute, un adulte au repos respire 15 fois, son cœur bat 70 fois et ses poumons brassent 6 litres d'air. Ces moyennes augmentent avec l'activité physique : les poumons d'un sportif en plein effort peuvent brasser plus de 50 litres d'air à la minute.

Notre corps comprend 60 milliards de cellules spécialisées qui composent ses différents tissus et organes. Or, pour vivre et faire son travail, chacune de ces cellules a besoin d'être approvisionnée en oxygène et en diverses substances nutritives, et doit se débarrasser de ses déchets.

Deux fonctions complémentaires jouent un rôle indispensable dans ces échanges : la circulation et la respiration.

UN CIRCUIT À DOUBLE SENS

Au centre de notre corps, se trouve une puissante pompe musculaire qui fonctionne automatiquement sans jamais s'arrêter durant toute notre vie : le cœur. Il fait circuler le sang dans notre corps par tout un ensemble de canalisations minuscules, les capillaires, qui atteignent chacune de nos cellules. Ce circuit se décompose en deux parties. Dans un sens, le sang débarrasse les cellules de leurs déchets (du gaz carbonique en particulier). Dans l'autre sens, il les approvisionne en substances nutritives et en oxygène.

Ce double circuit se renouvelle ainsi plus de mille fois par jour.

LE SOUFFLE VITAL

Nous respirons en deux mouvements qui se suivent et recommencent sans cesse, automatiquement, même lorsque nous dormons : l'inspiration et l'expiration. À l'inspiration, notre poitrine augmente de volume tandis que nos poumons se gonflent d'air. Or, à l'intérieur des poumons, se trouvent des centaines de millions de poches minuscules, appelées alvéoles pulmonaires. Chacune de ces alvéoles absorbe l'oxygène de l'air inspiré, et le transmet au sang qui va en approvisionner nos cellules. En même temps, le sang dépose dans les alvéoles le gaz carbonique dont il a débarrassé les cellules. Ce gaz est ensuite expulsé au-dehors par les poumons, avec l'air que nous soufflons au moment de l'expiration.

UN RYTHME VARIABLE

Si l'oxygène est indispensable à nos cellules, c'est parce qu'il leur permet de transformer, pour les assimiler, les substances nutritives fournies par notre alimentation. Plus nos activités augmentent, plus nos cellules ont besoin de carburant. Ainsi, notre cœur bat plus vite et notre respiration s'accélère quand nous faisons un effort, pour que la circulation du sang soit plus rapide et fournisse ainsi davantage d'énergie à notre organisme.

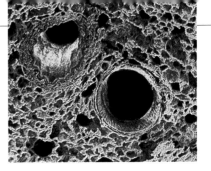

Les alvéoles pulmonaires, minuscules sacs à air situés dans les bronches, transmettent l'air inspiré aux vaisseaux sanguins.

Si tous nos vaisseaux sanguins étaient mis bout à bout, ils s'étendraient sur une longueur de plus de 100 000 kilomètres !

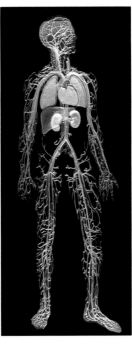

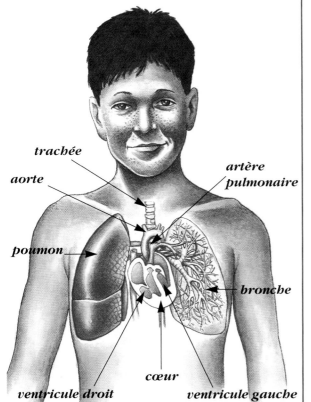

trachée
aorte
artère pulmonaire
poumon
bronche
cœur
ventricule droit
ventricule gauche

Les veines ramènent le sang pauvre en oxygène (en bleu) jusqu'au cœur. Le ventricule droit l'expulse dans l'artère pulmonaire, qui l'emporte vers les poumons ; une fois réoxygéné par le biais des alvéoles, le sang (en rouge) est ramené dans le cœur et expulsé par le ventricule gauche dans l'aorte pour être distribué dans tout le corps.

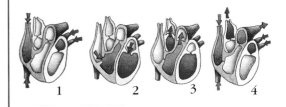

Le sang s'introduit dans les oreillettes (1) qui le poussent dans les ventricules (2). Ces derniers se contractent et propulsent le sang avec force dans les artères (3). Le cycle recommence (4).

Pour faire le plein de carburant

« *Gargantua s'asseyait à table, et parce qu'il était naturellement flegmatique, commençait son repas par quelques douzaines de jambons, de langues de bœufs fumées, de boutargues, d'andouilles et tels autres avant-coureurs de vin. Cependant quatre de ses gens lui jetaient en la bouche l'un après l'autre, continûment, moutarde à pleines pelletées. Puis, il buvait un horrifique trait de vin blanc. Après, il mangeait, selon la saison, viandes à son appétit, et lors cessait de manger quand le ventre lui tirait.* »
François Rabelais, Gargantua

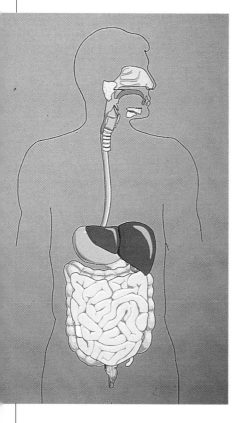

De la bouche à l'anus, l'ensemble de l'appareil digestif, avec ses nombreux méandres, mesure de 9 à 10 mètres de long. Au cours d'une vie humaine, il traite environ 40 tonnes de nourriture.

J'AI FAIM !

Plusieurs fois par jour, nous avons envie de manger, et cette envie correspond à un besoin de notre corps. Nous avons autant besoin de manger que de respirer. Ces deux fonctions, en effet, sont complémentaires : c'est la combinaison de l'oxygène et de la nourriture qui fournit le "carburant", l'énergie nécessaire au bon fonctionnement de nos cellules et de nos organes. Mais tout ce que nous mangeons ne peut pas être utilisé tel quel par notre organisme. Les aliments doivent être décomposés pour que leurs différents éléments nutritifs puissent être assimilés. Le reste, ce qui ne sert à rien, est rejeté sous forme d'excréments et d'urine. Tel est le rôle de la digestion. Cette fonction s'accomplit à la fois de façon mécanique (travail des dents, des muscles de l'estomac) et chimique dans un ensemble d'organes qui forment l'appareil digestif et urinaire.

Pour avoir un régime alimentaire sain, nous devons consommer des fibres pour un système digestif en bonne santé (fruits, légumes verts, céréales), des matières grasses pour la croissance et l'énergie (produits laitiers, fruits secs, végétaux, huiles, viande, volaille, poisson), des sucres et de l'amidon pour l'énergie (pain, pâtes, riz, pommes de terre), et des protéines pour la construction des tissus (viande, poisson, fromage, légumes).

a davantage besoin de se nourrir qu'un employé de bureau.

UN MENU VARIÉ

L'alimentation doit non seulement nous fournir de l'énergie, mais aussi certains aliments indispensables, qu'on appelle des nutriments : protides ou protéines (qu'on trouve notamment dans la viande, le poisson, les œufs), lipides ou graisses, glucides ou sucres, ainsi que des vitamines et des minéraux comme le calcium, le phosphore et le fer.

Les vitamines jouent un rôle important, car elles participent à la transformation des autres nutriments pour que notre organisme puisse les assimiler.

Enfin, il y a aussi un élément dont nous ne pouvons nous passer : l'eau, qui représente 60 % du poids de notre corps. Or, nous en éliminons chaque jour plus de 2 litres (par les urines, la transpiration et la respiration sous forme de vapeur) qu'il faut donc remplacer.

À CHACUN SES BESOINS

Tous les aliments ne fournissent pas la même quantité d'énergie. C'est ce qu'on appelle leur valeur énergétique. Elle se mesure en calorie : 100 grammes de gruyère représentent plus de 400 calories, alors qu'une tomate de 100 grammes n'en représente qu'une vingtaine ! Nous avons besoin chaque jour d'un minimum de calories. La quantité dépend de notre âge (2 500 vers 10 à 12 ans, 1 800 à 2 000 pour un vieillard) et de nos activités. En une heure de marche, nous ne dépensons que 100 calories alors qu'une heure de football en fait dépenser 1 000. C'est pourquoi un sportif ou un travailleur de force

TABLEAU DES CALORIES

portion	calories
pain au chocolat	420
30 g de corn flakes	113
sandwwich jambon-beurre	522
110 g de hamburger	290
50 g de frites	58
100 g de petits pois	59
25 cl de lait entier	150
15 cl de milk-shake	154
1/4 de poulet rôti	220
100 g de filet de merlan	100
8 huîtres	70
200 g d'épinards	52
100 g de salade	15
100 g d'ananas frais	51
100 g de banane	94
100 g de châtaignes	165

S'unir pour donner la vie

Au XVIIe siècle, le microscope révèle la présence de milliers d'"animalcules" dans la semence mâle. On suppose alors que chacun d'eux contient un être humain complet microscopique qui n'aurait plus qu'à grandir. Voici les idées émises par un savant de cette époque : "Les germes devaient être répandus dans l'air où ils voltigeaient : tous les animaux visibles les prenaient confusément, ou par la respiration ou avec les aliments..."

TOUS NÉS D'UN ŒUF

Eh oui ! à l'origine de chaque bébé humain, il y a deux cellules microscopiques. D'une part, un ovule produit par les organes génitaux de la femme, d'autre part, le spermatozoïde produit par l'organe génital de l'homme. Pour qu'un nouvel être humain puisse se développer, l'ovule doit d'abord être rejoint et pénétré par un spermatozoïde. C'est ce que l'on appelle la fécondation. Tout commence donc par l'union sexuelle d'un homme et d'une femme, c'est-à-dire lorsqu'un homme et une femme font l'amour. Mais chaque union sexuelle n'aboutit pas à la formation d'un futur bébé, car l'appareil génital d'une femme ne produit qu'un seul ovule par mois. Et cet ovule ne peut être fécondé que pendant une très courte période.

NEUF MOIS DE PRÉPARATION

Des millions de spermatozoïdes sont libérés au cours de l'acte sexuel. Mais un seul peut pénétrer dans l'ovule pour former ainsi un œuf fécondé, ou zygote. Cet œuf fécondé est une grosse cellule qui commence bientôt à se diviser en deux nouvelles cellules, puis en quatre, puis en huit, seize et ainsi de suite : c'est le début de la grossesse. Au bout de quelques jours, ce petit amas de cellules va se fixer dans l'utérus pour y poursuivre son développement. Appelé d'abord embryon, le futur bébé devient un fœtus à partir du troisième mois. À ce stade, c'est déjà un corps humain en miniature. Son cœur bat, il commence à remuer et même... à sucer son pouce !

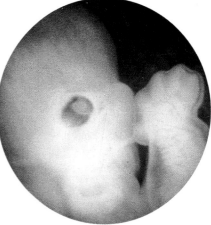

40

*La nidation :
une fois fécondé par un spermatozoïde, l'ovule appelé zygote entre dans l'utérus, sans cesser de se subdiviser. Quelques jours plus tard, il comprend déjà des centaines de cellules lorsqu'il s'attache à la paroi de l'utérus, où il continuera à se développer lentement.*

cellules sexuelles (ovules et spermatozoïdes) qui en ont seulement 23. Ainsi, quand il y a union d'un ovule et d'un spermatozoïde, l'œuf fécondé ainsi formé devient une cellule "complète", équipée de 46 chromosomes : 23 venant du père et 23 de la mère. Le bébé qui va naître aura ainsi hérité d'un ensemble de gènes combinant les particularités de ses deux parents. Il ressemblera à la fois à son père et à sa mère.

Il continue de grandir dans le ventre de sa mère, jusqu'au moment de sa naissance, qui se produit normalement vers le neuvième mois de la grossesse.

NOTRE DOUBLE HÉRITAGE

Dans le noyau de chaque cellule se trouvent des éléments très importants : les chromosomes. Ils sont en effet porteurs d'informa-tions précises qui "programment" les activités de la cellule selon sa spécialité : les gènes. Ceux-ci sont donc responsables de toutes les particularités de notre corps, comme par exemple la couleur des yeux et des cheveux, la forme du visage, etc. Toutes nos cellules sont équipées de 46 chromo-somes... toutes sauf les

Grâce aux chromosomes, situés dans le noyau de la cellule et qui contiennent toutes les informations génétiques, les parents transmettent certaines de leurs caractéristiques à leurs enfants.

Au premier mois, l'embryon mesure tout juste 0,5 centimètres. À trois mois, le fœtus dépasse 8 centimètres et pèse près de 30 grammes. Au cinquième mois, il atteint 25 centimètres et, à sa naissance, le bébé mesure environ 50 centimètres et pèse environ 3 kilogrammes.

Une harmonie bien programmée

Un homme adulte passe à peu près le tiers de sa vie à dormir : environ huit heures par jour. Jusqu'à six mois, un nouveau-né dort dix-huit heures par jour. Le sommeil est indispensable à la santé de tous les organismes vivants. Même les animaux unicellulaires et les végétaux ont régulièrement des périodes où leurs activités fonctionnent au ralenti.

UN POUR TOUS, TOUS POUR UN

Dans un grand orchestre, il y a beaucoup d'instruments différents. Ils ne produisent pas les mêmes sonorités et, dans un même morceau, tous ne jouent pas la même mélodie. Pourtant, chacun est indispensable à l'ensemble de l'orchestre pour que la musique soit harmonieuse...

Notre corps est un peu comme un orchestre. Il se compose de dizaines d'organes qui jouent des rôles différents. Mais chacun est indispensable au fonctionnement harmonieux de l'ensemble, c'est-à-dire au maintien de notre santé. Comme les instruments de l'orchestre, nos organes travaillent en collaboration les uns avec les autres. Si l'un d'eux cesse de faire son travail ou le fait mal, les activités de tous les autres peuvent s'en ressentir et le résultat risque d'être catastrophique.

QUAND UNE FONCTION SE DÉTRAQUE

Prenons pour exemple la respiration. Son rôle est d'approvisionner le sang en oxygène pour qu'il aille

le distribuer aux cellules et, en sens inverse, d'expulser le gaz carbonique dont les cellules se sont débarrassé dans le sang. Toutes nos cellules ont besoin d'oxygène. Mais certaines en consomment beaucoup plus que d'autres, celles du cerveau en particulier. Si les organes respiratoires font mal leur travail (il peut s'agir d'une maladie, d'un accident, d'une asphyxie), les cellules reçoivent moins d'oxygène.

Or, dans le cas du cerveau, notre "chef d'orchestre", une diminution de sa ration normale en oxygène l'empêche de fonctionner normalement : il réagit moins vite aux messages qu'il reçoit et met plus de temps pour envoyer ses instructions aux autres organes. Toutes les activités de notre corps sont alors perturbées, ce qui peut avoir de graves conséquences.

CHAQUE HISTOIRE A UNE FIN

Les musiciens d'un orchestre doivent longuement répéter avant de pouvoir jouer ensemble. Les organes de notre corps, eux, sont capables de faire leur travail et de collaborer hamonieusement dès leur formation. À la naissance, tout est en place et fonctionne déjà selon des instructions précises contenues dans les gènes de nos cellules.

Notre corps grandit, et se modifie jusqu'à l'âge adulte. Puis, il vieillit peu à peu et un jour, il cesse de fonctionner : c'est la mort.

Les hommes, comme tous les autres organismes vivants, sont programmés comme un morceau de musique ou une histoire, avec un début et une fin. Mais chacun raconte une histoire différente. C'est ce qui fait la richesse et la diversité de la vie...

De nombreux dangers guettent l'homme : les infections (microbes et virus) mais aussi l'alimentation (trop ou trop peu), le mode de vie (travail, hygiène, sommeil...), les intoxications (drogue, tabac, alcool, pollution...), les accidents...

Références iconographiques

Table des matières

Cellules et molécules 6

À chacun son travail : tissus et organes 8

La vie en deux grandes familles 10

Multiple et indispensable : le règne végétal 12

Discrètes, mais partout présentes 14

Les plantes à fleurs 16

Décors vivants : d'un extrême à l'autre 18

Un arbre aux multiples branches : le règne animal 22

Soutien et protection 24

Manger ou être mangé 26

Fabriquer la vie 28

Pour mieux vivre ensemble : langage et vie sociale 30

Un mammifère surdoué : l'homme 32

Des pieds à la tête : une parfaite entente 34

Des échanges perpétuels 36

Pour faire le plein de carburant 38

S'unir pour donner la vie 40

Une harmonie bien programmée 42

Références iconographiques 44

Achevé d'imprimer en Août 1996
par l'imprimerie Campin – Tournai (Belgique)

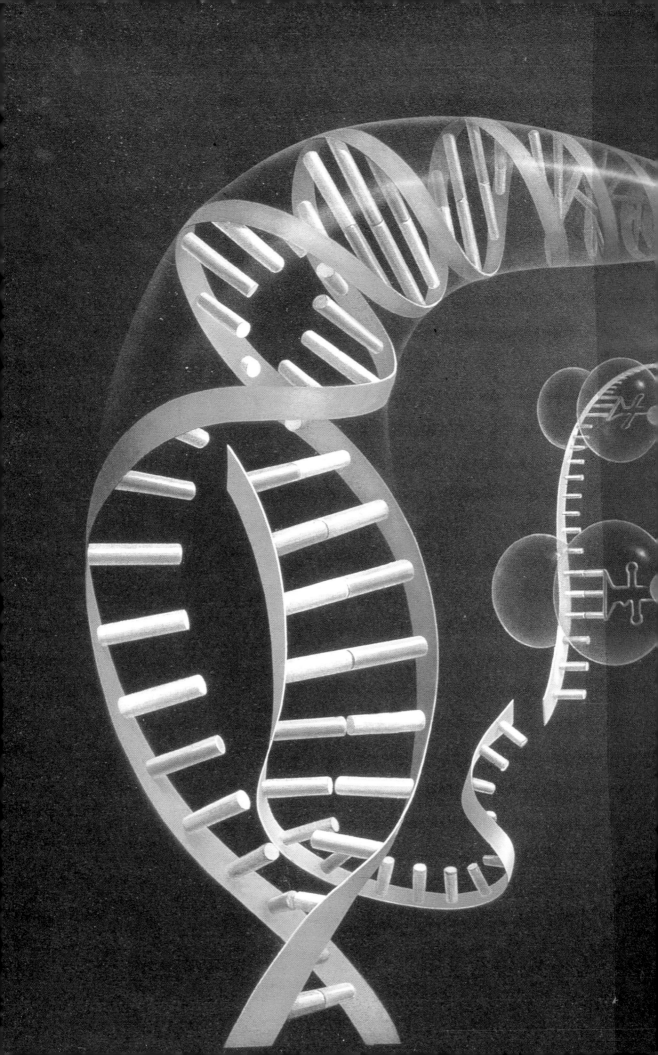